Pollution

Une menace fulgurante dans notre environnement

La réponse de l'Eglise Catholique

Jude Thaddeus Langeh, cmf

DEDICATION

Nseibangha Julius Basebang
Nofeh Catherine Basebang

TABLE DES MATIERES

REMERCIEMENTS

Ils sont n'ombreux qui m'ont apporté chacun leurs encouragements et une aide précieuse. Leur grande expérience m'a fourni la matière que je n'aurais pu trouver nulle part ailleurs.

Effet, il me sied de dire que ce livret n'aurait pu être réalisé tel qu'il apparaît aujourd'hui sans tous vos précieux concours. Une très belle citation de Marcel Proust nous le recommande : « Soyons reconnaissants aux personnes qui nous donnent du bonheur ; elles sont les charmants jardiniers par qui nos âmes sont fleuries. J'exprime donc ma sincère gratitude à toutes les âmes de bonne volonté qui m'ont aidé.

Mes parents, mes confrères clarétains et tous mes amis, m'ont apporté comme toujours un magnifique soutien.

Puisse ce livre nous donner conscience de protéger notre environnement.

J'ai eu des grands relecteurs compétents et persévérants pour ce livre auxquels je faire parvenir ma reconnaissance, surtout M. Kepsou Augustin.

QUE DIEU VOUS BENISSE.

INTRODUCTION

Les récits bibliques de la création nous enseignent que l'homme a reçu du créateur l'injonction de contrôler la nature. C'est-à-dire, Dieu a donné à l'homme l'injonction de soumettre (*kabas : poser le pied sur un objet ou un être vivant, une prise de possession, prise en charge, une mise sous protection ou la maîtrise),* et dominer (*radah*) la terre. La cosmologie biblique se différencie de toutes les cosmologies par cette magnanimité de Dieu qui offre d'emblée à l'homme la *techné* ou la liberté d'être en relation avec la nature[1]. Le fait que Dieu donne à l'homme le pouvoir de nommer toutes les bêtes et de les placer dans son jardin montre que le créateur voudrait que l'homme soit dans une relation symbiotique avec son environnement.

De nos jours, la découverte de l'écologie[2] a permis aux savants de trouver une discipline ou une science qui étudie les relations, ou rapport qui existe entre l'homme et son environnement naturel. Le mot écologie vient du

---

[1] MIKA MFITZSCHE R. L.-M., « Population et environnement », *Revue Africaine de la Théologie*, vol. 12, n° 56, 2004, pp. 269-270.
[2] Ce terme fut inventé par Ernst Haeckel en 1866 bien que certains l'attribuent à Henri David Thoreau en 1852.

grec *oikos* (maison, habitat) et de *logos* (science, connaissance). Pour répondre à ses nombreux besoins, l'homme s'engage dans les activités qui à court terme sont bénéfique pour sa survie et à long terme sont dangereuses spécialement dans le domaine d'écologie. Quelles sont ces activités et comment celles-ci affectent-elles l'homme? Parmi les nombreuses activités dangereuses de l'homme, nous pouvons citer la pollution qui est néfaste non seulement pour l'homme mais aussi les êtres. En bref, la nature est une menace de destruction pour l'humanité. Mais comment pouvons-nous passer un contrat de vie avec une nature muette et dépourvue de raison ?

Dans notre étude, nous allons situer la pollution parmi les dangers de crise écologique. Notre intérêt est de montrer que l'homme qui est le principal responsable de la crise écologique en est aussi la victime. Nous allons expliquer en quoi consiste la crise écologique. Ensuite, nous allons parler de la grande menace de la pollution. Et enfin, nous allons faire un recours à l'Eglise pour y puiser sa position quand il s'agit de la relation entre l'homme et son environnement. Sur ce point nous allons évoquer des documents du magistère depuis *Rerum Novarum* du Pape Léon XIII pour terminer avec *Laudato Si*[3] du Pape François, qui fait l'actualité sur la crise écologique.

---

[3] L'encyclique est divisée en 246 paragraphes répartis en une introduction et six chapitres. Cette encyclique comporte 172 références bibliographiques dont 48 sur des encycliques ou exhortations apostoliques précédentes, 47 sur des discours et catéchèses des prédécesseurs du pape François. Ce document s'appuie également sur les travaux et déclarations des conférences épiscopales de tous les continents (19 références).

DANGERS DE LA CRISE ÉCOLOGIQUE

A la fin de l'année 1960, c'est tout un chou de cassandre qui annonçait la crise écologique. A partir de cette époque jusqu'à nos jours, des indices du péril menaçaient l'environnement avec l'érosion des sols, la pollution atmosphérique et aquatique, la diminution du nombre des oiseaux, les invasions d'insectes nuisibles, les plages souillées par des marées noires (...). En ce moment s'établit chez les écologiques un consensus pour penser la nature comme un système intégré à l'équilibre délicat[4].

L'écologie est à l'ordre du jour parce qu'elle aide à répondre au problème majeur de la dégradation du rapport menaçant la survie de l'humanité. Depuis 1970, il y eut la crise pétrolière et les gens ont commencé à être conscients de dangers causés par cette crise.

En addition de cette crise pétrolière, nous remarquons les problèmes posés par la croissance industriels, la croissance de l'inflation a accompagné le chômage. Face à cela, nous pouvons dire que la crise

---

[4] CALLICOT J. B., «Environnement, Ethique de l'environnement» in *Dictionnaire d'Ethique et de philosophie morale,* Paris, PUF, 1990, p. 498.

écologique a des origines essentiellement économiques, mais elle a ses graves incidences politiques, sociales et ecclésiales. C'est pour cela que l'Église a réservé de belles pages à ce sujet.

En somme, la croissance industrielle moderne est la cause particulière en raison des conditions anarchiques dans lesquelles elle s'est généralisée[5].

Implicitement, les risques entraînés par la crise écologique sont de deux sortes. Il s'agit de celui d'un épuisement plus ou moins rapides des ressources naturelles en raison du gaspillage effréné qui préside à leur exploitation et celui de la pollution accélérée au milieu naturel de l'environnement humain. Dans la suite de notre livre, nous allons nous attarder sur le deuxième risque qui est celui de la pollution.

---

[5]DUBOST M., et al. « Ecologie » in *Théo, Nouvelle encyclopédie catholique,* Paris, Droguet-Ardant/Fayard, 1989, p. 878.

POLLUTION

Elle se définit comme tout ce qui rend un milieu malsain. Dans un langage plus contemporain, la pollution est *"toute intervention de l'homme dans les équilibres naturels par la mise en circulation de substances toxiques nuisibles, ou encombrantes qui touchent ou empêchent l'évolution du milieu "*[6].

Dans une autre définition, elle est une dégradation de l'environnement résultant de la dissémination de produits toxiques ou l'abandon de matériaux biodégradables. Le mot pollution est d'origine religieuse. La pollution est comprise comme la contamination (d'une personne, d'un lieu etc.) par des substances impures. Au cours du XXe siècle, elle tient un sens médical pour designer l'émission de sperme en dehors de l'activité sexuelle principalement durant le sommeil de l'adolescence.

Avec la croissance des industries nucléaires, pétrolières et chimiques et l'exploitation démographiques désherbantes, insecticides, détergents etc., la pollution commence à prendre un sens plus

---

[6] LAMOTTE M. et al. « Ecologie» in *Encyclopaedia universalis,* Paris, Encyclopaedia universalis France S. A., vol 5, 1975, p. 933.

spécialisé. Mais elle est généralement liée et associée à une action humaine bien qu'on parle des autres polluants aussi[7]. Quels sont les polluants ?

a- LES POLLUANTS ET LEURS SOURCES

Les polluants sont les effets nocifs qui résultent de l'action des facteurs "altéragènes ". Ils sont toujours les produits organiques ou inorganiques des activités humaines. Ils deviennent nocifs à partir du moment où il est difficile de les détruire ou recycler et causent un déséquilibre meurtrier. Il y a deux catégories de polluants : Ceux qui sont biodégradables[8] et ceux qui sont non biodégradables. Généralement il y a trois sources de polluants : l'homme dans ses activités quotidiennes, l'industrie et l'agriculture.

L'homme ne participe pas directement comme le seul responsable mais en plus, il en est un facteur aggravant et accélérateur. Les épidémies comme le choléra, la typhoïde, etc., trouvent leurs origines dans la mauvaise hygiène corporelle et dans le control insuffisant de la qualité des eaux. L'homme pollue la nature en jetant des déchets partout dans la nature qui,

---

[7] Plus récemment un éminent juriste a même parlé de pollution morale par la publicité qui exalte la réussite à tout prix, la vitesse, la violence l'érotisme, etc., cf. BOURLIERE F. et al. « Pollution » in *Encyclopaedia universalis,*Paris, Encyclopaedia universalis France S. A., vol 13, 1975, p. 249.

[8] C'est-à-dire, peuvent être éliminés s'ils n'atteignent pas des concentrations trop fortes et s'accumulent dans les diverses comportements de la biosphère si l'homme ne parvient pas à s'en débarrasser.

dans l'avenir, parvient à être nocives à lui-même et aux êtres. Selon André BEAUCHAMP, *"quand l'hygiène publique se développa elle donna un sens nouveau à la pureté et à la qualité de l'air comme à celles de l'eau faisant de l'une et de l'autre des promesses de santé "*[9].

L'industrie est l'accusée principale comme source des polluants parce qu'elle constitue la source la plus connue. Cette forme de pollution a beaucoup plus vite augmentée au cours des dernières années que celle des déchets d'origine humaine[10]. Les méfaits des oxydes de soufre, du mazout ou de la perde à papier étant familier.

Les accidents graves des pays comme le Japon, le Canal de Suez et ceux de Jilin (Chine) sont liées à la croissance industrielle. Au cours de ces années, cette forme de pollution a beaucoup augmenté. Il y a aussi les déchets liquides, gazeux et solides qui sont non biodégradables qui viennent de l'activité industrielle.

Les activités agricoles comme l'élevage des animaux domestiques, constituent aussi les sources de polluants et produisent une qualité de déchets organiques très supérieure à celle de la pollution humaine. La mauvaise gestion des terres y comprise une grande consommation excessives d'engrais et de pesticides, d'insecticides, d'herbicides aide à dégrader les sols et ladite dégradation dû aux activités agricoles et pastorales affecte environ 1.9 milliards d'hectares dans le monde. Ces activités agricoles accélèrent aussi le phénomène de la

---

[9] BEAUCHAMP A., « Crise dans l'air, l'air en crise » in *La vie spirituel*, n°710, T. 148, 1994, p. 357.
[10] BOURLIERE F. et al. « Pollution » in *Encyclopaedia universalis*, Paris, Encyclopaedia universalis France S. A., vol 13, 1975, p. 249.

désertification[11]. Cette dégradation *"affecte ou met en péril les moyens d'existence de plus d'un milliard d'hommes qui dépendent directement de la terre pour leur existence et leur habitat "*[12].

Bien que l'industrie soit l'accusée principale, la pollution est généralement liée aux activités humaines parce que c'est à l'homme que Dieu a confié la terre. C'est lui qui contrôle l'agriculture et l'industrie. Les polluants sont vite circulés par des grands cycles biogéochimiques (eaux, carbone, azote, phosphore etc.). A l'intérieur de la biosphère, ceux-ci jouent fondamentalement le même rôle que le système vasculaire dans l'origine de l'humanité. Ces grands cycles biogéochimiques sont responsables des transports de longues distances[13]. Quand les sources des polluants sont multiples, nous parlons de la pollution diffuse. Lors des émissions répétées de polluants où parfois le polluant est très rémanent, nous parlons de la pollution chimique. Mais tous les types de pollution qui sont les résultats de ce que nous venons de dire sont souvent groupés:

b- TYPES DE POLLUTION

Traditionnellement, nous pouvons délimiter trois types: la pollution de l'air ou la pollution atmosphérique, la pollution du sol et la pollution de l'eau.

---

[11] LUKOKI F., « Le développement et les risques écologiques » in *Revue Africaine de théologie,* vol., 25, oct. 2004, p. 305.
[12] *Ibid.* p. 306.
[13] BOURLIERE F. et al., *Art. Cit.* p. 251.

LA POLLUTION DE L'AIR[14]

Selon André BEAUCHAMP, l'air est *"un bien libre, un bien naturel, donné hors marché, qui ne pouvait ni se vendre ni trop se mesurer, qui appartenait également aux pauvres et aux riches "*[15]. Dans cet âge industriel, l'air qui allait de soi comme élément essentiel à la vie ne va plus de soi. L'air est étouffé par fuites qui viennent des véhicules automobiles spécialement celles qui fument, le chauffage domestique, les grandes usines et l'incinération qui brûlent des déchets.

Les polluants peuvent être sous forme de fumier, les gaz fluorés, l'oxyde de carbone, l'ozone, les composés azotés ou les polluants radioactifs. Même l'incendie des forêts et la combustion de la biomasse libèrent de grandes tonnes de carbone qui sont nocives. Nous ne pouvons pas oublier les contributions des grandes industries de tabac et cigarettes. David SERGENT supporte ce qu'on vient d'évoquer lorsqu'il affirme que *"Une cigarette...est un poison mortel, un polluant de l'atmosphère et n'a aucun intérêt "*[16]. Ces exemples nous appellent à une prise de conscience de la nécessité à lutter contre la pollution atmosphérique. Les problèmes qui entourent le monde en ce qui concerne les pollutions atmosphériques sont les suivants :

i) Les pluies acides : sur ce sujet, Edmond TANG

---

[14] Chaque année 3,2 des 7 milliards de tonnes émises restent dans l'atmosphère. Elles proviennent à 80% des combustions d'énergies fossiles et à 20% de la déforestation. Les pays industrialisés sont à l'origine de la 2/3 des émissions.

[15] BEAUCHAMP A., *Art. Cit.*, p. 357.

[16] SERGENT D., « Les cigarettes parfumées sont-elles un danger ? » in *La Croix*, Mercredi 8 nov. 2006. p. 7.

constate que *"ces dernières années, on a beaucoup parlé des pluies acides qui sont en train de détruire les forêts des Etat Unis, du Canada et de l'Europe où la Foret Noire, en particulier, est en danger"*[17]. Ce phénomène a été remarqué pour la première fois après la deuxième guerre mondiale : *"Après la seconde guerre mondiale, les milieux européens d'abord, puis les milieux américains devinrent sensibles à certains faits nouveaux. D'une part, on observa un dépérissement des forêts, particulièrement en Scandinavie et en Allemagne. Les arbres semblaient en moins bonne santé, les feuilles étaient attaquées, la productivité diminuait"*[18].

Quand la pluie acide détruit les forêts c'est dangereux parce que *"la perte de forêts tropicales affecte déjà de centaines de millions d'êtres humains en favorisant les inondations, l'érosion des sols et l'envasement des cours d'eau, en aggravant la sécheresse et les pénuries de bois de feu et de bois d'œuvre, et en forçant des communautés entières à se déplacer et à perdre leur culture..."*[19]. A cause de cela, les gens deviennent des réfugiés écologiques.

ii) Le « trou » dans la couche d'ozone : l'Ozone (O_3) est un *"gaz peu abondant qui jouerait au niveau de la stratosphère, un rôle particulièrement important pour la vie, dans la mesure où l'ozone filtre les rayons ultraviolets en provenance du soleil"*[20]. Si ces rayons ultraviolets ne

---

[17] TANG E., « La religion a-t-elle quelque chose à voir avec écologie ? » in *Pro mundo vida*, n° 13, 1990, p. 6.

[18] BEAUCHAMP A., *Art. Cit.*, p. 361. Généralement, on estime que le SO_2 est cause de 70% des pluies acides que les oxydes d'azotes NO le sont pour 30%.

[19] LUKOKI F., Art. Cit., p. 307.

[20] BEAUCHAMP A., *Art. Cit.*, , p. 363.

sont pas interceptés et parviennent directement au sol, elles risquent de donner aux hommes des cancers de la peau et ennuyer la vie végétale. En effet, de nos jours, "la couche d'ozone stratosphérique située entre 15 et 40 km au-dessus de la terre subit une dégradation importante due aux émissions des gaz à effet de serre. Ces gaz détruisent l'ozone et créent des trous dans l'atmosphère "[21]. Ces trous sont déjà observés sur le continent Antarctique. Les gaz responsables sont: CO_2, SO_2, CO, N_2O, CH_4, CFC, Pb, Cd, Hg, Cr, CU.

iii) Les maladies diverses: en plus de deux effets énumérés, nous pouvons ajouter les maladies : *"Les produits transportés par l'air sont l'une des principales causes de l'apparition ou de l'aggravation de la tuberculose, de la bronchite, des maladies du cœur, des cancers et de l'asthme "*[22]. Telles sont certaines maladies qui découlent de la pollution de l'air.

LA POLLUTION DE L'EAU

La pollution de l'eau vient souvent quand il y a des déversements des rejets industriels, agricoles et urbains dans l'eau. La pollution peut être dans les eaux de surface comme celles des lacs, des rivières et des fleuves ou dans les eaux souterraines comme les mers et les océans. Les affluents industriels contiennent des polluants comme le chlore libre, l'ammonium, le sulfure, le zinc, les acides phénols, le formol, etc.[23] Ces

---

[21] LUKOKI F., *Art. Cit.*, p. 301.
[22] *Ibid.*, p. 305.
[23] BOURLIERE F. et al., *Art. Cit.*, p.254.

polluants sont dangereux à la présence de l'oxygène nécessaire pour les bactéries aérobics et les habitants aquatiques. Dans les eaux de la mer, il y a des grands rejets de l'hydro carbone et les rejets pétroliers qui polluent. En nettoyant les citernes des tankers, on rejette à la mer 1% du tonnage transporté. Parfois aussi, les accidents provoqués en mer par des pétroliers dont le tonnage est de plus en plus important sont des sources de pollution pour la mer et les plages.

En plus, la vie humaine est menacée quand l'eau est polluée. Le Pape François insiste que *"L'eau potable et pure représente une question de première importance, parce qu'elle est indispensable pour la vie humaine comme pour soutenir les écosystèmes terrestres et aquatiques "*[24]. Selon le Pape François, c'est un problème sérieux, ainsi il affirme : *"Un problème particulièrement sérieux est celui de la qualité de l'eau disponible pour les pauvres, ce qui provoque beaucoup de morts tous les jours "*[25]. Avec la pollution, l'eau n'est plus potable et peut se mésuser d'après l'incidence des maladies intestinales, la fièvre typhoïde, la dysenterie, l'hépatite et le choléra, etc. Ces maladies affectent les pauvres et restent un facteur significatif de souffrance et de mortalité infantile.

En plus, les poissons et les coquilles peuvent accumuler des substances chimiques toxiques en concentration suffisantes pour affecter l'homme qui mange cela pour vivre. Les polluants chimiques comme les pesticides et les herbicides présentent des risques importants pour la santé et les savants insistent que la pollution des mers par des hydro carbones entraîne la

---

[24] *Laudato Si'*, 27.
[25] *Laudato Si'*, 29.

disparition chaque année de 50,000 à 250,000 oiseaux. Ils meurent par hypothermie ; les pluies engluées de mazout, ne jouant plus leur rôle protecteur[26].

LA POLLUTION DU SOL[27]

Elle est liée aux rejets des produits domestiques (se laver les mains, les lessives, les douches, les toilettes) dans les décharges qui provoquent une pollution du sol par le pourrissement. L'utilisation de pesticides, herbicides constitue une menace. Félicien LUKOKI explique cela davantage quand il dit: *"L'exposition aux pesticides, aux engrais et aux métaux lourds par le sol, l'eau, l'air, l'alimentation, pose également des risques pour la santé. L'utilisation des pesticides est à la base de plus de 3,5 millions d'empoisonnement aigus par an dans le monde "*[28]. Les effets sont nombreux: les maladies, la désertification, la malnutrition, la famine etc. Ceux-ci affectent l'homme et les bestiaux.

La menace de ce type de pollution peut être mieux exprimée dans ces mots de Félicien LUKOKI: *"Le problème de l'alimentation de la population mondiale est aggravé par la répartition inégale de terres arables et les conditions favorables de culture, ainsi que par la*

---

[26] *Ibid.,* p. 257.

[27] Les déchets mis en décharge proviennent des ménages, des marchés, des administrations, des industries, des hôpitaux et bien d'autres sources. De par leur composition, on peut citer les matières organiques, les plastiques et caoutchouc, les ferrailles et autres métaux, les verres et céramiques, les papiers et les déchets liquides.

[28] LUKOKI F., *Art. Cit.,* p. 305.

dégradation des sols causée par la déforestation, la mauvaise gestion des terres arables et des terrains de pâture, y comprise une consommation excessive d'engrais et de pesticides, la mise en culture de terres marginales, la mauvaise gestion des bassins versants et des ressources en eau, le rejet sauvage des déchets, le dépôt des polluants de l'air et une mauvaise planification de l'affectation des sols. La dégradation des sols dû aux activités agricoles et pastorales affecte environ 1,9 milliard d'hectares dans le monde "[29]. Un autre effet qu'on ne peut pas oublier est celui de l'émigration. "*La dégradation des sols est le principal motif qui pousse les paysans à émigrer vers les taudis et bidonvilles des grandes métropoles en quête de meilleures conditions de vie "*[30].

Après avoir exposé en somme la pollution, les polluants et les effets, une question fondamentale reste; elle est celle de savoir pourquoi la pollution constitue-t-elle une menace fulgurante ?

.

---

[29] *Ibid..* p. 305.
[30] *Ibid.,* p. 306.

LA MENACE FULGURANTE
DE LA POLLUTION

Tout ce qu'on vient de dire sur la pollution et spécialement sur ses effets nous montre que la pollution constitue une grande menace. Nous pouvons résumer ce qu'on a exposé en disant: *"la pollution a un effet nocif...quand il s'agit de la contamination des éléments naturels indispensables à la vie par des produits toxiques (tels les pesticides agricoles abusivement utilisés), ou lorsqu'il s'agit d'interventions humaines pouvant être dangereuses (pollution de l'air par des usines chimiques, par les gaz d'échappement des voitures, par la radioactivité consécutive à des explosions nucléaires, etc.), la crise ainsi déclenchée ne connaît pas de frontière; ainsi les forets européennes, transportées par les fameuses pluies acides.... "*[31]. Face à tout cela, nous sommes invités à réagir. C'est bien facile de dire qu'il faut des mesures anti-pollution, mais, le problème est aggravé par le temps assez long exigé pour que des mesures anti-pollution[32] commencent à avoir un effet

---

[31] DUBOST M., et al., « Ecologie » in *Théo, Nouvelle encyclopédie catholique,* Paris, Droguet-Ardant/Fayard, 1989, p. 878a.

[32] Comme : Sensibilisation de publique, Des lois écologiques,

réel. En Afrique, la situation est plus pire. Nous ne pouvons plus distinguer les saisons, parce que notre environnement est détruit par la pollution. Entre temps, il fait chaud, froid, etc. Même certains chefs d'Etats qui devaient aider leurs citoyens à vivre en bonne santé prennent des grosses sommes d'argent pour laisser les grandes usines verser leurs déchets toxiques dans leurs pays. Pendant que ces chefs d'Etats restent dans les chambres et dans les voitures climatisées, les pauvres souffrent.

En prenant le cas du Cameroun, on ne peut pas dire qu'il n'y a pas d'effort à fournir pour combattre la pollution. Depuis la loi sur les libertés d'associations de Décembre 1990, le nombre des ONG travaillant dans le domaine de la collecte, le traitement et le recyclage des ordures ménagères s'accroît. A titre d'exemple, on peut citer le Cercle International Pour la Protection de la Création (CIPCRE) à Bafoussam, le FOCARFE et CASS à Yaoundé, HYSACAM etc. Malgré cela, la pollution reste une grande menace. Comment allons-nous faire ? Que pense la doctrine de l'Eglise pour nous aider à résoudre ce fléau ?

Education, Protection de la mer etc.

LA DOCTRINE SOCIALE DE L'ÉGLISE

Puisque la nature est l'acte créateur de Dieu, Elle doit être respectée et conservée. Les efforts pour protéger l'environnement de la pollution, la déforestation et la dégradation en général doit concerner tous et chacun: les théologiens comme les scientistes. Vu cela, l'écologie occupe une place spéciale dans la doctrine sociale de l'Église. Bien que cette doctrine sociale de l'Église ait commencé avec *Rerum novarum* de Léon XIII en 1891, les premiers écrits sur l'environnement furent ceux des protestants. Néanmoins, nous pouvons tracer le développement progressif de l'enseignement magistériel sur l'écologie et l'environnement. En 1938, le Pape Pie XI convoqua une conférence internationale dite « chimique » dans laquelle il déploya les produits chimiques imposés sur l'environnent qui sont plus tard nocifs pour l'homme. Emboîtant son pas, le Pape Pie XII se lamenta aussi sur les dangers qui touchent l'agriculture dans les zones industrialisées. Dans la même haleine, l'encyclique du Pape Jean XXII prêtait l'attention sur les problèmes posés par l'industrialisation et le respect pour la nature. Son Encyclique *Pacem in terris* est vue par plusieurs

savants comme "l'encyclique écologique ". Le pape Paul
VI publia aussi une lettre apostolique *Octagesima
adveniens* dans laquelle il insista que l'injonction du
créateur dans Gen. 1,28 de soumettre la terre ne veut
pas dire l'exploitation immodérée de la terre et ses
ressources naturelles[33].

De ce que nous venons de dire, nous pouvons
postuler que l'Église s'intéresse aux problèmes qui se
posent dans les rapports entre l'homme et
l'environnement. Aux origines de ces problèmes on
perçoit la prétention de l'homme à exercer une
domination inconditionnée sur les choses ; un homme
peu soucieux des considérations d'ordre moral qui
doivent pourtant caractériser toute activité humaine.[34]
Dans son *Centissimus annus,* le Pape Jean Paul II
souligne l'importance de la protection de
l'environnement, parce que, l'environnement est un
bien collectif. Il écrit: *"la protection de l'environnement
constitue un défi pour l'humanité tout entière: il s'agit du
devoir commun et universel de respecter un bien
collectif"*[35]. Or nous venons d'évoquer que l'homme,
par ses activités, pollue cet environnement, ce
patrimoine commun, une richesse extraordinaire pour
l'humanité toute entière. L'Église souligne l'importance
des forêts qui sont détruites par les activités de l'homme:
*"Les forêts contribuent à maintenir des équilibres naturels
essentiels, indispensables à la vie. Leur destruction
notamment par des incendies criminels, accélère les
processus de désertification, ou des conséquences dangereuses*

---

[33] ANYANWU C., « The Bible and the environment we live
in » in *The insight*, 2006, p. 31.
[34] *Compendium de Doctrine sociale de l'Eglise,* n° 461.
[35] Jean Paul II, *Centissimus Annus*, n° 40

pour les réserves d'eau, et, compromet la vie de nombreux peuples indigènes et le bien-être des générations à venir. Tous individus et sujets institutionnels, doivent se sentir engagés dans la protection du patrimoine forestier et là où cela est nécessaire, promouvoir des programmes adéquats de reboisement "[36]. La pollution de l'eau est grave parce que quand l'eau est polluée, elle devient non potable or " *un accès limité à l'eau potable a une incidence sur le bien-être d'un très grand nombre de personnes et est souvent la cause de maladies de souffrances de conflit, de la pauvreté et même de la mort* "[37]. Sans eau, la vie est menacée. Le fait que l'Église réserve de belles pages sur l'environnement et l'écologie montre leur pertinence.

Après le Pape Jean Paul II, le Pape Benoît XVI rappelle que c'est dans une alliance que l'homme rencontre son environnement. Aux jeunes de Lorette il a dit : " *Avant qu'il ne soit trop tard, nous devons faire des choix courageux qui recréeront une alliance forte entre l'homme et la Terre* ". Le pape ne prône pas une austérité comme réponse à la pollution et un retour à la bougie et au cheval de trait pour rétablir l'harmonie avec la Terre. Il y aura certainement des habitudes de consommation à changer, mais la protection de la nature ne passe pas par une réduction de notre niveau de vie, auquel la planète entière aspire. C'est d'un autre côté qu'il faut se tourner pour trouver un début de solution. Alors que Jean-Paul II plaçait le troisième millénaire sous la spiritualité de communion, Benoît XVI met son pontificat dans la lumière de l'amour de Dieu. C'est dans cette perspective qu'il faut trouver des réponses. C'est en mettant l'accent

---

[36] *Compendium de Doctrine sociale de l'Eglise*, n° 466.
[37] *Ibid.*, n° 484.

sur une écologie de communion que la créativité et l'audace vont jaillir du cœur humain pour se réconcilier avec la nature.

Le pape ne réduit pas l'écologie à la quantité de CO_2 émise ou au traitement des déchets. C'est voir les conséquences et non les causes. A l'occasion de la messe de Pentecôte, le dimanche 31 mai 2009, le pape Benoît XVI a critiqué "la pollution du cœur et de l'esprit" qui existe à ses yeux dans les sociétés modernes *"Tout comme il existe une pollution de l'atmosphère qui empoisonne l'environnement et les êtres vivants, il existe aussi une pollution du cœur et de l'esprit qui mortifie et empoisonne l'existence spirituelle"*, a dit Benoît XVI. *"De la même façon qu'il ne faut pas s'habituer aux poisons de l'air, il faudrait en faire autant pour ce qui corrompt l'esprit"*, va-t-il ensuite ajouté. *"On dit que cela est la liberté, sans reconnaître que tout cela pollue, intoxique l'âme, surtout celle des nouvelles générations, et finit par conditionner la liberté elle-même"*, a conclu le pape, qui célébrait la messe depuis le Vatican[38]. Il reprend ces même propos le Mardi 8 Décembre 2009 quand il nous enseigne en ces mots Il y a une "pollution" tout aussi "dangereuse" que la pollution de l'air : "c'est la pollution de l'esprit". Le Pape a dénoncé cette Pollution de l'esprit en s'élevant contre le mécanisme pervers des médias qui répercutent le mal, habituant l'homme "aux choses les plus horribles"[39].

Le père Pierre-Marie CASTAIGNOS, en analysant les enjeux philosophiques, théologiques et spirituels de

---

[38] En savoir plus sur
http://www.lemonde.fr/societe/article/2009/05/31/
[39] www.zenit.org

la défense de la nature du Pape Benoit XVI, utilise ces mots *"Habemus papam ecologistum "*. C'est ainsi que le cardinal proto-diacre aurait pu annoncer l'élection de Benoît XVI. Sans succomber à la mode écologique, à plusieurs reprises, le pape rappelle avec insistance le message de l'Église sur la protection de la nature[40].

En fin de compte, c'est au Pape François que nous devons adresser les mots *"Habemus papam ecologistum "* parce qu'il a adressé le problème écologique dans un document officiel. C'est la première fois qu'un Pape aborde ce sujet avec une telle radicalité. Ainsi, dans l'Actualité, dans les medias et dans notre Église, nous sommes bénis par la Lettre Encyclique *Laudato Si* du Saint-Père François sur la Sauvegarde de la Maison Commune. Le titre vient de ces mots : *"Laudato si', mi' Signore"*, - *"Loué sois-tu, mon Seigneur "*, un chant attribué à Saint François d'Assise, cité au début de ce livre. Les deux premiers paragraphes montrent déjà l'intérêt du Pape sur la question écologique en général et surtout la pollution qui occupe une grande partie de cette Lettre Encyclique :

1. *"Laudato si', mi' Signore "*, - *"Loué sois-tu, mon Seigneur "*, chantait Saint François d'Assise. Dans ce beau cantique, il nous rappelait que notre maison commune est aussi comme une sœur, avec laquelle nous partageons l'existence, et comme une mère, belle, qui nous accueille à bras ouvers: *"Loué sois-tu, mon Seigneur, pour sœur notre mère la terre, qui nous soutient et nous gouverne, et produit divers fruits avec les fleurs colorées et l'herbe "*,

---

[40] http://www.serviteurs.org/L-ecologie-une-priorite-pour-Benoit-XVI.html

2. Cette sœur crie en raison des dégâts que nous lui causons par l'utilisation irresponsable et par l'abus des biens que Dieu a déposés en elle. Nous avons grandi en pensant que nous étions ses propriétaires et ses dominateurs, autorisés à l'exploiter. La violence qu'il y a dans le cœur humain blessé par le péché se manifeste aussi à travers les symptômes de maladie que nous observons dans le sol, dans l'eau, dans l'air et dans les êtres vivants. C'est pourquoi, parmi les pauvres les plus abandonnés et maltraités, se trouve notre terre opprimée et dévastée, qui " *gémit en travail d'enfantement* " (Bm 8, 22). Nous oublions que nous-mêmes, nous sommes poussière (Gn. 2, 7). Notre propre corps est constitué d'éléments de la planète, son air nous donne le souffle et son eau nous vivifie comme elle nous restaure.

L'Encyclique *"Laudato Si'"* a six chapitres et déjà, dans le premier chapitre (paragraphes 17 à 61), le Pape dresse un tableau des maux dont souffre la terre surtout la pollution et il nous appelle à la prise de conscience. Le Pape insiste que la pollution est liée au changement climatique.

Le 17 mai 2015, sur le blog de lepelerin2000[41] trois phrases clés tirées des numéros 20-22 de l'Encyclique sont identifiées comme résumé de ce problème de Pollution:

20- *"Il existe des formes de pollution qui affectent quotidiennement les personnes. L'exposition aux polluants atmosphériques produit une large gamme d'effets sur la santé, en particulier des plus pauvres, en provoquant des*

---

[41] http://villey-sur-tille.partagelibre.over-blog.com/2015/07/climat-danger-ou-non-laudato-si-08.html

millions de morts prématurées. ”

21- *“La terre, notre maison commune, semble se transformer toujours davantage en un immense dépotoir.* ”

22- *“Ces problèmes sont intimement liés à la culture du déchet, qui affecte aussi bien les personnes exclues que les choses, vite transformées en ordures.* ”

En ce qui concerne la pollution de l'eau, le Pape insiste que l'eau potable représente une question de première importance. Elle est fondamentale pour la vie humaine et pour les écosystèmes terrestres et aquatiques. Alors que la qualité de l'eau disponible diminue constamment, dans certains lieux la tendance est de privatiser cette ressource et de la soumettre à la loi du marché. L'accès à l'eau potable est un droit humain essentiel, fondamental et universel. Le Pape rappelle la situation de l'Afrique où une part importante de la population n'a pas accès à l'eau potable, ou bien souffre de sécheresses qui rendent difficile la production d'aliments quand elle n'en manque pas carrément (cf. LS 28).

La pollution engendre le changement climatique ; le Pape dénonce une culture du déchet dans une société où *“les choses sont vite transformées en ordures”* tout en excluant les personnes. Il invite les hommes à modérer leur consommation, réutiliser et recycler les objets. En ces termes, il insiste:

“Il faut considérer également la pollution produite par les déchets, y compris les ordures dangereuses présentes dans différents milieux. Des centaines de millions de tonnes de déchets sont produites chaque année, dont beaucoup ne sont pas biodégradables : des déchets domestiques et commerciaux, des déchets de démolition, des déchets cliniques, électroniques et industriels, des déchets hautement toxiques et radioactifs. La terre, notre maison commune, semble se transformer toujours davantage en un immense dépotoir. À plusieurs endroits de la planète, les personnes âgées ont la nostalgie des paysages d'autrefois, qui aujourd'hui se voient inondés d'ordures." (Laudato SI 21)

"*Habemus viridem papam ?*" "*Avons-nous un Pape vert ?*"[42] Selon "L'Obs", la publication de son encyclique présente les grandes lignes de la verte pensée papale. Le Souverain pontife pointe du doigt la dette climatique des pays du Nord au pays du Sud. Pour lui, certains Etats devraient supporter un coût plus élevé de la transition énergétique.

En plus de ce parcours dans la doctrine sociale de l'Église, nous sommes encouragés à suivre l'exemple d'un Saint comme François d'Assise qui nous exige de respecter la nature, la création que Dieu nous a donné à gérer en son nom et non pas à détruire ou saccager par la pollution. Evitons la pollution de nos mers, lacs, sol, air etc., pour qu'à la fin nous pussions prier avec lui : "*Loué sois-tu, mon Seigneur, pour frère Vent et pour l'Air et le nuage et le serein et tout temps par lesquels à tes créatures tu donnes le soutien. Loué sois-tu, mon seigneur, pour sœur Eau, qui est force utile et humble et précieuse et chaste... "*[43]. Dans son Message pendant la journée mondiale pour de la paix en 1990, le Pape Jean Paul II,

---

[42]

http://tempsreel.nouvelobs.com/planete/20150617.OBS0965 /tu-ne-pollueras-point-l-ecologie-selon-le-pape-francois.html
[43] DUBOST M., et al. « Ecologie » in *Théo, Nouvelle encyclopédie catholique,* Paris, Droguet-Ardant/Fayard, 1989, p. 878.

après avoir lamenté sur la crise écologique, cita l'exemple de François d'Assisse comme un modèle dans la relation entre l'homme et la nature. Nous voici donc avec cette lettre encyclique qui nous donne toutes les grandes lignes nécessaires pour sauver notre environnement.

.

Jude Thaddeus Langeh

CONCLUSION

L e danger qui se pose sur la crise écologique, spécialement quand il s'agit de la pollution est que toute menace contre l'environnement est *"évidemment menace contre l'homme qui ne peut vivre qu'en symbiose avec lui et y puise des éléments nécessaires à son existence "*[44]. L'homme est donc appelé à suivre ce que les savants entendent par réalisation de soi, c'est-à-dire *"la connaissance de l'expérience vécue d'une identité entre la personne et la nature. L'écologie nous enseigne qu'il n'existe pas de distinction absolue entre le milieu et le moi. La destruction de l'environnement est en réalité une destruction de soi-même: un biocide est en fait un suicide "*[45]. Parmi toutes ces activités qui contribuent à la crise écologique, nous avons montré celle de la pollution. Enfin, il faut nous rappeler que *"protéger l'environnement c'est vouloir éviter que l'homme ne s'empoisonne par les nuisances qui résultent de ses activités physiologiques, domestiques et économiques "*[46]. Cela implique que l'on ait le souci de la pureté de l'air que l'on respire, la qualité de l'eau que l'on boit, et par

---

[44] BOURLIERE F. et al., *Art. Cit.*, p. 249.
[45] CALLICOT J. B., *Op .Cit.*, p. 501.
[46] BOURLIERE F. et al., *Art. Cit.*, p. 249.

extension, des aliments que l'on consomme.

Avant de mettre le point final, il faut nous rappeler que la pollution reste une menace fulgurante dans notre environnement. Elle constitue un danger non seulement pour les bestiaux et l'homme mais aussi, elle contribue à la crise écologique. L'Église Sainte ne peut pas être sourde face à cette menace. La doctrine sociale de l'Église Catholique et l'exemple de grands "saints écologiques" comme François d'Assisse a été évoqué pour nous aider à prendre conscience de la crise écologique en générale et de la menace fulgurante de la pollution en particulier.

ABOUT THE AUTHOR

L'auteur est prêtre catholique, Fils du Cœur Immaculé de la Bienheureuse Vierge Marie (Missionnaire Clarétain). Il est l'auteur de *Prayers for Priests- Prières pour les prêtres*, *Africa Needs Gandhi* et beaucoup d'articles publiés dans plusieurs journaux.